미로

최경순 시집

세종문화사

김소월 전국 백일장 낭송 부문 수상 때의 저자

작가의 말

하얀 종이 위로 떠밀려 미끄러지는
여물지 않은 언어들 어떻게 할까
펼칠수록 옥죄이는 초록의 혼미
짧은 여정 십일월 발치에서
가뭇없는 세상 눈부시기만
희미하게 다가오는 불안
무엇을 시도한다는 것 겁이 난다
좋아한다는 것과 세상에 내놓는다는 것
이 근심 내려놓고 아무도 모르는 십이월
동굴 속으로 꼭꼭 숨어 버리고 싶다
그럼에도

긴 시간 동행해 주신
서대문 문학신문사 고 이종기 이사장님
문학신문사 편집주간 김영희 선생님
문학신문사 조죽희 국장님
문학신문사 수요(시)
이오장 교수님 외 문우님들의
격려와 함께 조심스러운 걸음 떼어 봅니다

2024년 11월

차례

작가의 말 ···· 3

제1부 참 좋은 이

미로 ···· 12
참 좋은 이 ···· 13
수요일 오후 ···· 14
가끔은 ···· 15
그곳에 있었지 ···· 16
마음 서걱이는 날 ···· 17
바람에 서성이는 ···· 18
그래도 토닥토닥 ···· 19
전화 ···· 20
주위를 돌아보면 ···· 21
공원묘지 산책로 ···· 22
나비의 꿈 ···· 23
우수의 아침 ···· 24
풀 냄새 피어나는 ···· 26
봄바람 불어와 ···· 27
널 닮은 사람 ···· 28
빗소리가 ···· 29
달빛 추억 ···· 30

제2부 동백꽃 좋아하더니

동백꽃 좋아하더니 ···· 32
달빛에 젖어 ···· 33
사모곡(思母曲) ···· 34
흐릿한 기억 ···· 35
떠난 후에야 ···· 36
슬픈 이별 ···· 38
엄마 ···· 39
목백일홍 ···· 40
초록 매실 ···· 41
스무 살의 겨울 ···· 42
묶은 끈을 풀고 ···· 43
사랑해, 사랑해 ···· 44
새댁 ···· 45
일곱, 일흔 살 ···· 46
자운영꽃 닮은 ···· 48
부부 ···· 50
꽃밭에서 ···· 51
딸아 ···· 52

제3부 비워 놓은 고향집

핼쑥한 봄 ···· 54
긴 그림자 ···· 55
잃어버린 것은 ···· 56
고추잠자리 ···· 57
섬진강 가는 길 ···· 58
타오르기 시작했어 ···· 60
유년 ···· 61
생일 ···· 62
슬픔의 강 ···· 63
칸나의 계절 ···· 64
산 아래 그 집 ···· 65
앞산 노을 따라 ···· 66
나의 기도 ···· 67
남쪽의 작은 마을 ···· 68

제4부 자비를 베푸소서

자비를 베푸소서 ···· 70
언제부턴가 ···· 71
일시에 드리워진 암흑 ···· 72
지금은 아니고 ···· 73
초록의 빛 ···· 74
고목을 흔드는 ···· 75
낙엽의 길 ···· 76
그림자 ···· 77
평범한 오늘 ···· 78
어서 오라 손짓했어 ···· 79
물소리 어디쯤 ···· 80
봄날 ···· 81
과꽃의 들녘 ···· 82
천 년 전에도 이와 같음 ···· 83
낮이 드나들고 ···· 84
낯설지 않은 ···· 85
봄 닮은 임 ···· 86
요즘 하늘 ···· 87
너무 쓸쓸해서 ···· 88

제5부 저기 먼 데서

저기 먼 데서 ···· 90
태양이 들볶던 날 ···· 91
괜찮다 ···· 92
답게 살자 ···· 93
너랑 걷고 싶은 길 ···· 94
나타샤 되어 ···· 96
새들의 수다 ···· 97
오월 ···· 98
빈집 ···· 99
청개구리 형제 ···· 100
좋은 벗 ···· 101
저 하늘에 ···· 102
나 없다고 ···· 103
방물장수 ···· 104
일흔 번째 가을 ···· 105
살아 있다는 것 ···· 106

제6부 청라의 봄

이월의 바람 ···· 108
청라의 봄날 ···· 109
민들레가 피었다 ···· 110
봄빛이 걸어오고 ···· 111
봄날의 기억 ···· 112
꽃샘바람 ···· 113
영취산의 봄 ···· 114
라일락꽃 필 때 ···· 115
오월의 흉터 ···· 116
붉은 헤드라이트 ···· 117
초록 울음 ···· 118
담장 위 꽃 그림자 ···· 119
스물다섯 해 ···· 120
달맞이꽃 ···· 121
자귀나무꽃 ···· 122
쓰담 받고 싶은 계절 ···· 123
빗방울 ···· 124
봄비 ···· 125
오뉴월 ···· 126

제1부
참 좋은 이

미로

갑자기 사라진 널
늦게 온다 조바심하며
자정을 넘겼어
귀에 익은 발걸음
골목에 새벽바람
나부끼는 어린 잎새
창문 스치는 기척
불안한 기다림
많은 사람들 속에
너는 없었어
까만 세월 흐른 뒤
올 수 없는 널 기다리며
아픔이 오고 간
추억의 그 길에서
잃어버린 길 찾기 하다
살아서는 만날 수 없는 미로
자정 넘은 달빛 아래서
찬 그림자 밟으며
오지 못할 널 기다렸어

참 좋은 이

어디선가 본 듯
낯익은 사람
어디서든 누구에게든
사랑받기 충분한 이
수백 번 넘게 본 듯
내 마음에 드는 이
전생에 만났었나
함께 있음 편안하고
헤어지기 싫은 사람
바람에 춤추는
키다리 나무같이
소탈하고 맘이 넓은
요즘 보기 드문 이

수요일 오후

붉은 장미의 오월
숨 막히는 계절
나비와 소곤대는
초록의 언어들
세상에서 찾기 어려운
슬픈 낱말들
행간에 끼워 둘
시어 찾지 못해
지쳐 잠들고 싶은
햇빛 반짝이던 수요일
달콤한 꽃가루에 자지러지는
오후 2시
푸른 바다 출렁이며 청량한
윤선도가 머물렀던
청산 보길도
이슥은 물소리 웃음소리
영상에 섞어 보냈다

가끔은

첫 만남에 끌렸어
어눌한 모습 말 없음에
수줍어서겠지 생각했어
미리 한잔했는지 살짝 취해 있었어
친구와 같이 갔었지
시간이 흐를수록 다시 만날 생각 없어
머플러를 목에 두르고
흰 눈이 펄펄 내리는 거리로 나왔어
빠른 걸음으로 걸었지
뒤따라오는 그림자 떼어 놓으려
후미진 골목길로 숨었어
측은한 비틀거림에도 외면해야 했어
그 후 태산만큼 힘든 세월이었어
슬프다가 아프다가 웃다가
이제야 주름져 가는
서로의 모습에 익숙해져서
마주 보며 가끔 말하고 웃기도 해
속으로 그이 없으면 못 살 것 같아
이제야 내 마음이
그를 사랑하고 있다는 것을 알았어
다들 그렇게 산다고, 그게 부부라고

그곳에 있었지

철썩이는
흰 파도 위에서
홀로 눈 감았어
바람 시리던 바다도
무리 지어 피고 지는
붉은 해당화 울타리
팔을 뻗으면 손에 잡힐 듯
밤바다 그 작은 섬
파도에 부딪쳐 슬픈 노래
썰물 때는 흐느끼며
밀물 때는 차오름이
바닷길을 걷다 보면
철썩철썩 파도가 밀려오고
바다를 핥는 물결무늬 자국들
게와 소라가 걸어간 길들이
섬의 추억을 즐비하게 쌓고 있었어

마음 서걱이는 날

앞서가고
뒤를 쫓고
길을 건너고
해가 지고 밤이 드나들고
이렇다 할 게 없는
끊어진 시간을 달리는
부옇게 다가오는 새벽 햇살
아직 일어나지 않는 일에
걱정하지 말라고
뜻 모를 위로의 글자들
끝없이 이어지는 길
창틈으로 희미한 빛
아득히 먼 내일
어디쯤 우리 서 있을까

바람에 서성이는

겨울 긴 그림자
어둠이 두려워 방황하던 계절
글썽이는 옛이야기 짧아 놓쳤어
구름은 종일 하늘에 머물고
바삐 사라지는 등 뒤의 노을
불어날수록 불안이 커지고
바쁠수록 여유는 줄고
흐를수록 남은 세월 짧아지니
하늘만 봐도 해 뜰지 비가 올지
사랑하는 이 눈빛만으로
절로 알게 돼
바람에 서성이며 부유하던 시간
어둠으로 묻혀 가고
앞을 내다볼 줄도 알게 되는
일흔은 반 귀신

그래도 토닥토닥

하던 일 멈추고 지나간 날 돌아보니
태어나 어느덧 일곱 살 소녀 되고
학생 되고 아내 되고 어른 되고
엄마 되어 할미 되고 꽃이 피는
봄, 여름, 가을, 겨울 그림자
세월 담은 바람 돌아 빈방 창가에
눈 감으면 많이 살았다 생각될 즈음
가슴에 머문 원망 사라졌지
늙지 않으면 사람 아니고
가지 않으면 세월 아니라던
검푸른 보랏빛 석양 앞에서
언덕 위 나뭇가지 사이로
유년의 꿈 파도에 맡기고 살다 보니
이순을 지나 칠순이 되어서야
원망도 버겁다고 순응하며
흘러가는 바람 따라 구름 따라
이제야 고분고분 떠남을 애써 변명하지
까닭을 잘 알고 있으니
함께 못 하는 나도 이해해 줘
남고 떠나는 것이 필연일지도
떨어져 있어도 마음은 늘 토닥토닥

전화

앨범을 들여다보듯
한편에 묻어 둔 추억들
받을까 말까
잘 있는지 아프진 않는지
잊고자 하면서 안부는 왜
방안에 흩어지는 벨 소리
헤어져선 못 살 것 같던
오랜 날의 편린들
몇 번의 계절
언제 들어도 다정한 목소리
나직이 물결치는 가슴
라일락꽃 피는 오월
많은 기억이 오가는 동안
슬픔은 허공에 사위어 가고
벨 소리는 차츰 잦아들었어

주위를 돌아보면

목적 없이 바쁘고
갈팡질팡 허덕이고
시인의 길이 염원인 양
포기 못 하는 십 년 세월
함께하고자 하는 문우들
주위에 있다는 것 큰 축복
무언가에 묶인 듯 손가락 하나
움직이기 힘든 이건 강박이야
아무래도 난 힘들어
호흡을 한번 들이쉬고
내쉬는 것조차 귓전을 스치는
모든 것들
눈길이 서로 만나
인연의 파장을 일으켜
같이 존재하듯 글과의 글연
아직도 목적이 대쪽처럼
마음속에 세워진 게 아냐

공원묘지 산책로

숲속의 빈 의자
초가을 바람 앉아
웅크린 언덕
신음 같은 안개 삼키며
등 뒤에 몇 방울
구불구불 울음 젖은 산책로
뿌연 가랑비 사이
부유하던 나뭇잎 소리
건강에 좋다고
하얀 맨발의 여자
유령처럼 곁을 스쳐 갔어
긴장이 팽배했던 오후 다섯 시
낮달의 눈매 무서운 건
영혼이 아니고
산 사람이라고 바람이 가만히
속삭여 줬어

나비의 꿈

어디선가 나비 두 마리
쉴 곳 찾지 못해
허공을 헤매다가
사라졌다 다시 오기를 몇 번
긴 장대라도 있으면 비스듬히
세워 주고 싶었어
살아 있다는 건 신비로운 일
머리 위 빛 찾아 맴돌던
두려움의 조각들
왜 가는지 모르면서
돌아보기 두려워
꽃잎들의 그림자
행여 두 마리 나비는
우리 부모님이셨을까
길은 어두워지고
푸른 향기 대숲의 길은
좁혀져 오고 나비는
다시 오지 않았어

우수의 아침

봄비 머금은 이른 아침
물오른 새싹들과
빗소리 들으며 걷는데
젊은 여인이
파출소가 어디냐고 물었어
한참 지나왔다고 반대로 가라고 했다
파출소만 보면 오랜 불편함
여인과 떨어져 걷다가 돌아보자
잿빛 후드 티에 모자만 쓰고
우산도 받지 않은 채 젊은 날의
창백한 내 얼굴이 보였어
친구들과 한잔 술로 다툰 후
파출소 유치장서 신원보증이
필요해서 연락했다고
분노의 가슴 쓸어내리며
옆집 아우와 파출소 가는 날
오늘처럼 봄비 부슬부슬 내렸지
같은 사연으로 파출소 가려나 싶어
뒤돌아보며 그녀에게 물었어

파출소는 왜 가냐고
아 네 파출소가 아니고 그 앞에서
친구와 만나기로 했어요
그 말에 보이지 않는 안도의 숨 감추며
연둣빛 미소와 함께 조금만 더 가면
파출소라고 힘주어 말해 주며 웃었지

풀 냄새 피어나는

중학생이던
지원이와
둘이 걷거나
앉거나 누워서
노을 노래 불렀지
새파란 하늘에
흰 구름 보며
집 옥상 돗자리에 누워
엄마와 단둘이면
행복해했던 우리 딸
그날처럼 지원이와
풀 냄새 피어나는
노래 부르고 싶어
한 생애 접을 무렵

봄바람 불어와

수양버들 춤추는 냇가
문명의 이기가 덮어 버렸어
넓혀진 보도 위에
이리저리 길을 내는
수많은 빗줄기들 돌담 아래
애처롭게 시린 꽃송이들의 잔해
얼음 바람 숲을 맴돌아
흩어져 누운 붉은 꽃잎들
성황당 문설주에 앉아
그 시절 태평 빌던 동구 밖 까치와
장승도 사라진 빈 술렁거림
애타는 그리움 고향 가는 길
바람 불어와 목마른 이
그 옛날 우물에서
물을 퍼 주면 좋아했었어

널 닮은 사람

부서질지 모르는 미세한 불안
가만히 내려놓자 아내가 사라졌다
묶였던 연을 끊고 햇빛 황홀한 대낮
흐느끼는 풀잎 소리
이별이 결코 어울리지 않는
신록의 계절 차창 밖 숲은
오래오래 잉잉거리며 울었다
핸들을 더듬으며 창창한 바람 소리
눈물이 가려 앞을 볼 수 없는 사내
울음 삼키며 몸에 밴
피로와 고단함조차 모르고
초록 물든 하늘을 볼 수 없다고
아내는 떠나고 없는데 자꾸만
숲에서 들려오는 아내의 웃음소리
그의 오열은 유월의 슬픔에 갇혔다

빗소리가

이른 아침 비바람
동영상을 카톡에 보내고
매화꽃 다 떨어지네 했다
영상의 어린 매화꽃 비바람에
흩어지는 모습을 보며
매실밭 빗소리가 왜 그리 적적하다냐
매화꽃 진다 걱정 마라
꽃이야 이 비 그치면 다시 피겠지
열매 많아도 일손 없어 수확하기
힘들다고 지난해 말했잖아
잠 많은 게으름쟁이가 잠자기 딱 좋은
이렇듯 찬비 오는 날
그 먼 매실밭엔 왜 갔다니
소슬한 매화꽃이 네 마음 끌어냈구나
가까이면 이런 날엔 따뜻한 국물에
막걸리라도 한 사발 마주할 텐데
그리 널 좋아하던 혜숙은 두 딸과 가고
쓸쓸히 찬비 오는 이른 아침에
어린 꽃 생으로 지는 걸 보며 아파하니
나도 아프다

달빛 추억

달 속에 매화 향기
그윽한 임의 얼굴
수척했다, 통통했다
이별 햇수 몇 해인가
따르지도 붙잡지도
아니하고서
궁금치도 그립지도
아니하다고
휘영청 밝은
달 아래 홀로서서
고개 저었습니다
오랜 세월 잊었다가
어느 겨울밤
그리움만 더 했다

제2부
동백꽃 좋아하더니

동백꽃 좋아하더니

바람 없는 날 활짝 피었다
떨어지는 동백꽃 되어
지지고 볶으며 아들 둘
딸 하나 서른다섯 해
젊은 여인 따라 떠났다네
걱정 마소
밤마다 술에 취해 천불이었네
지금이 신간 편하네
울음 차마 보일까 외면했다
동백꽃 말이 '투신'인 줄 모르고
동백꽃 좋아했지
흰 눈 소복이 내리는 밤
가슴속 맺힌 한 동백꽃 되어
붉디붉은 눈물 하얀 눈 위에
뚜욱 뚝 떨어지는 밤
바람은 살며시 그녀를 안았다

달빛에 젖어

연분홍 꽃바람에
살구나무 가지 사이로
환하게 떠오른 보름달
수많은 사람들의 피땀 고인
청보리밭 너머
푸른 저수지 언덕 위에
아버지 공덕비
안개가 그물처럼
펼쳐지던 상월정
세찬 풍우 견디며
우거진 풀숲에서
달빛에 젖어 있을
아버지의 메아리
육 남매는 평생
몇 번이나 아버지를
불러 봤을까
지금은 이곳 저수지에
아버지 이름 석 자
쓸쓸한 공덕비만

사모곡(思母曲)

임은 떠나 천상에
나는 살아 이 땅에
허다한 날 내 사는 양
내려보실 제
임과 함께 살아온 날
까마득히 잊었다
어느 하루 삶에 지쳐
허허로울 때
서산 노을 향해
감빛으로 웃습니다
생전에 잘 못 했던
수만 가지들
언젠가 이 딸도
하늘로 가
코스모스 가을을
좋아하셨던
포근한 그 가슴에
얼굴을 묻고
사무친 회한으로
흐느껴 울렵니다

흐릿한 기억

꽃샘추위
매서운 비바람 몰아치던 훤한 낮
어둠 싫다시더니
부슬부슬 찬비 내리는 날
지원이와 나는 인천에서 가고 있는데
그걸 못 기다리시고
우린 임종을 못 지켰어
어머니와 지원 셋이 행복한 날도 많았었다
날이면 날마다 요양병원 약으로
꿈 없는 밤이 수없이 지났으리라
문득 그리움에 핸드폰을 눌러 봤어
고객이 받지 않는다는 멘트에
가슴에 쌓인 설움 목이 메었다
매번 전화해서 '아이 언제 올래'
엊그제 지원이랑 다녀왔어도
엄마는 아이처럼 '아이 언제 올래'
하시던 그 말 이제 다시 들을 수 없으니

떠난 후에야

엄마는 언니 엄마였어
지원이 할머니였고
동생들이 한 마디씩
엄마에게 자식은 누나였다고
돌아보니 욕심 많은 누나 언니였었다
일흔의 시월 생일
서른 해 전 영광 백수읍 만년마을
오월 붉은 목백일홍 나무 아래서
연둣빛 바람 출렁이던 대낮
평상에 누워 어머니 무릎 베고
햇살 아래서 부채질 주고받으며
그윽했던 모녀의 날들
너무도 멀리 온 후에야
참 힘드셨을 우리 어머니
칠십 여정 매양 손해를 보시고도
좋은 건 날 주고 재미없는 얘기도
눈물 흘리며 들어주시던
엄마는 열아홉에 시집오셔서

육 남매의 전부였다
한평생을 어머니가 의지할
든든한 기둥이 돼 주지 못한
영원한 아이였던 큰딸
애틋한 모녀지정 그날엔 몰랐다
어머니 어머니 보고 싶은 어머니

슬픈 이별

숙에게 전화를 했다
어디야 엄마 뵈러 수원 가요
좋겠네 효도하러 가는구나
좋겠다 세상에 엄마가 살아 계셔서
얼마나 행복한 일인지
눈시울이 더워진다
다시는 뵈러 갈 수 없는
살아생전 우리 엄마
내게도 계셨었지
날마다 때마다 전화하셔서
언제 오냐 물으시면
무심히 대답했었지
엊그제 만났잖아요
엄마는 한참이었을 텐데
그때는 그날엔 왜 자주 가 뵙지 못하고
이제 와서 엄마 보러 가는 진숙을
서럽게 부러워하는가

엄마

비 오는 가을날
통나무 계단에서 미끄러졌다
하루 이틀 지나자 발목이 붓고
무릎까지 허벅지까지 통증으로
힘들어서 한쪽 발로만 힘주자
양쪽 무릎이 다 아팠다
병원에 갔더니 나이 먹으면
칼슘 부족으로 기력이 없어
자주 넘어진다고 하시는 말씀
물리치료실에 누워 있으면서
천정을 바라보니 엄마가
환하게 웃으시며 그것 봐라
너 늘 그랬지
엄마는 병원을 너무 좋아한다고
이제 세월 흐르니 엄마 심정 알겠지
너도 요즘 이틀 걸러 사흘 걸러
병원을 찾네 하며 웃으신다
물리치료 받는 내내 엄마가 곁에 계셔
마음 놓이고 행복해서
눈물이 뜨겁게 흘러내렸다

목백일홍

백일 걸러 세 번을 피고 진다는
싱그러운 초록빛 전라도 산야
붉은 목백일홍 그 꽃 볼 때마다
날 닮았다 하시던 졸음 겨운 칠월
꽃향기 그윽이 취해 살며시 눈 감으면
아이 여기도 저기도 니 꽃이다 이
귓전에 웃음 섞인 엄마의 음성
분홍 꽃잎 흩날리는 산들바람 들녘에서
백일홍꽃이 된 엄마는 수줍게 웃으시며
아이 저기도 여기도 니 꽃이다 이
칠월의 바람 속 꽃그늘 아래서
들려오는 엄마의 음성, 엄마 어머니
그리워 나직이 불러 봅니다

초록 매실

셋이 넷이 청량한 목소리
누나. 언니 언제 와
해마다 보리수 익을 무렵
육 남매 만나자고 철석같은 약속을
몇 번의 봄이 가고 천지에 흰 산딸기꽃
분분한데 낯선 바람 지날 때면
고향엘 가리라 다짐했는데
매화 꽃그늘 너무 좋아
아우들 즐거운 성화
꽃 다 지기 전에 초록 매실
오디 보리수 앵두도 따자던
눈 내리고 꽃 피길 몇 번인가
매화꽃 필 때마다 만나자던 약속
초록 숲 흰 찔레꽃 흐드러져도
아우들이 그립고 보고 싶어도
향기로운 바람 속을 맴돌기만
초록 매실 다 익어 봄 끝 헤맬 때까지

스무 살의 겨울

노을빛 베인 골목길
희미한 유리창 안
찬 겨울 냄새 밴 문구점
새해 연도 적힌 대학 노트와
연말 카드를 가슴에 안고
손에 닿을 듯 낮게 흐르는
밤하늘의 달과 별을 따라갔어
또 얼마나 허다한 글을
눈물로 쓰다 찢다 할까
도도한 강물처럼 희망찬 스무 살
이순의 겨울바람 속에서 스무 살이
얼마나 아름답고 빛나는 시절이었는지
온통 절망이고 외로움이던
스무 살
돌아보면 가장 값진 때였음을

묶인 끈을 풀고

뻐꾸기 울음 남아 있을
고향에 가고 싶어
흰 보자기 정갈히 묶어
사철 푸른 남쪽 고향집
작은 개울 물소리 들린다고
오빠가 기다린다고
잔잔한 솔향기 바람
그날의 웃음소리
스멀스멀 들린다고
여든 살 치매 할머니 .
살아도 살아도 타향은 타향
허기와 무정 차가운 세월
할머니는 오늘도
베개를 보자기에 싸안고
냇가만 건너면 오빠가 있다고
병실 문 밖이 개울인 양
막아서는 도우미 선생님을
눈가에 고인 눈물 닦을 줄도 모른 채
원망스럽게 바라보며 주저앉았어
남편도 자식도 기억에 없다
나비처럼 훨훨 날고 싶은가 봐

사랑해, 사랑해

푸르스름 흰 구름
그 사이 달빛 떠 흐르는
저기 저 신비로운 하늘 아래
솔솔 부는 바람 숲길을
소복소복 같이 걷고 싶어
네가 어디에 있든
엄마는 가벼운 나비 날개 되어
함께하고 싶어 저만치 봄비 속을
걸어오는 널 맞아
우산 들고 함께 걸으며
차르 차르 떨어지는 빗소리 듣고 싶어
뜰아래 피는 맨드라미 돌담길
하얀 접시꽃 슬픈 울음도
너랑 같이 듣고 싶어
엄마의 위로 오래 기다렸을
내 사랑 나의 딸
철없는 엄마의 딸로 사느라
많이 힘들었을 거야
미안해 참으로 미안해
그래도 엄마는
너의 모든 것을 사랑해, 사랑해

새댁

이른 아침 카톡에
엄마 첫눈 왔어
일어나 창밖을 보며
눈이 하도 희어
엊그제 시집간 새댁 그려 본다
첫눈이 올 때마다
어미와 행복했던 스물아홉 해
시집간 지 반년 매일 맛난 요리
톡에 보내며 엄마 내가 했어
자랑하는 새댁
어미는 행복하다
아기 성별 검사
예쁜 공주님이래
아들 형제인 집 시집가
공주님을 가졌으니
또 얼마나 어여쁜가
깨끗하고 포근한 겨울 향기 닮은 새댁
방긋이 웃으며 엄마 사랑해
그 속살거림 보고 싶은
예쁜 나의 딸

일곱, 일흔 살

낯선 정오 짧은 그림자
까닭 없이 설움에 겨워
어쩜 이리도 외로울까
눈물겹도록 그리운
유년의 고향집을 향한
낯선 길 따라
검단사거리 군중에 섞여
빨강 신호등에 느슨히 멈췄어
파란 불에 다시 걷는
말 잘 듣는 할머니
문득문득 손녀가 보고 싶었어
등 뒤에서 할머니 하고
부르는 것 같아
몇 번을 뒤돌아보았어
딸의 집 가까이에 이사 왔으니
손녀딸 자주 볼 것 같았지
일곱 살이 뭐 그리 바쁜지
유치원 끝나면 월요일엔
연기학원 화요일엔 발레학원
수요일엔 댄스, 미술학원
토요일엔 또 특별 수업

어쩌다 제 엄마 아빠 모임 때
한 번씩 맡겨 주면
웬 횡재인가 눈물 나게 고마운
할머니는 일흔 살 손녀는 일곱 살

자운영꽃 닮은

꽃샘바람 들녘에
분홍빛 물결 이루던
자운영꽃 닮은 예쁜 사람
오래전 그 무릎 베고 누워
흰 머리칼 뽑아 주소 하면
복사꽃 웃음으로 머리카락
헤집으며 재밌게 찾아내어
배꼽 빠지는 얘기까지
얼마나 잘하던지
- 자네는 어디서 그런 얘길 들었냐 -
물으면
- 형님 저는 아무것도 아녀요
우리 사무실 여직원들 얘기 들으면
형님 웃다 돌아가실지 몰라요 -
하던 동생댁
동생도 제 아내를 하늘만큼 땅만큼
아끼며 행복한 가정 이루고 잘 산다
친정에 가면 동생댁은
맛있는 음식 상다리 휘어지게
준비해 놓고

내가 광주에 갈 때면 남동생은
송정역사에 한 시간이고 두 시간이고
기다려 주던 친정 가는 길
남녘으로 달리다 보면
꽃샘바람 꽃분홍
가물가물 풀어놓은 풋향기
초록의 자운영 연한 순 뜯어
참기름에 들깨무침 어머니 손맛
자운영꽃 분홍 사월을 연주하는
구불구불 논두렁 먼 길 지나
어서 오라고 손짓하던
얼굴도 맘씨도 짱이지만
늘 남편에게 잘하고
시숙과 시누들에게 아낌없이 나누는
우리 가문에 찐빵 속에 앙꼬
앞으로도 지금처럼 우애하며
건강하고 행복하게 살아가기를

부부

비바람 멈추자
분주히 하늘 맴도는
고추잠자리
파르르 날개 접어
화분마다 빗물 가득
탐스러운 우윳빛 수국에
얼굴 묻고 향기 맡을 때
종일 대패질에 지친 발자국
가만가만 등 뒤로 다가와
아침에 무슨 일로 다퉜는지
어느새 다 잊고 하회탈 웃음으로
두 눈 가득 장난기로 놀려 주는
그 얼굴에 웃고 말았어

꽃밭에서

달리아 붉은 꽃
켜켜이 초록 잎 잎
작약 목단
소담스러운 붉은 꽃
어릴 적 내 아버지
꽃을 참 좋아하셨지
마당가 화단에 온통
꽃밭이었지
사람의 마음
끌지 않는 꽃은 없어라
화단에 피고 피는
수많은 꽃
그중
아름다운 꽃은
엄마꽃이었지

딸아

가만히 있어도 가슴 아리고
생각만 하여도 목이 메는
떠올리기만 해도 안아 주고
토닥여 주고 싶은
그저 그냥 기분이 좋아지고
미소가 번지는 기쁘거나 슬픈 일도
그냥 너를 떠올리기만 해도
위로가 되는
지켜만 보기에도
그냥 안쓰러운 그런 사람
엄마에겐 넌 언제나
그런 사랑스러운 딸이란다

제3부
비워 놓은 고향집

핼쑥한 봄

그리움이
맴도는 이른 아침
텅 빈 고향집
사나흘 머물까
관솔에 그을린 아궁이
부엌엔 고부의
비밀 대여섯 개
새까맣게
타 버린 고구마
뿌연 재 속에
뒹굴고 있었다
안개 자욱한
길 잃은 단풍 숲 바라보며
바람결에 눈물짓던 어머니
옛 환영의 흰나비 그림자
피맺힌 울음 꽃밭에 묻고
끝내 오지 않는 아버지
우리 모두 흑백 사진 되어
기다리고 있었다

긴 그림자

어디로 갈까
가다 말고 휘청거리는
문득 한달음에 달려가면
하얀 마당 예쁜 뜰 앞에
일곱 살 아이 달래던 엄마
핼쑥한 배꽃 같은 미소로
지친 나를 반겨 줄까
여윈 나를 못 알아볼까
키 큰 나무 하늘거리며
바람 속에 말을 건넸어
그 먼 길 어떻게 가려냐고
돌아가기엔 늦었다고
고향만큼 멀고 긴 그림자
우두커니 발길 멈추게 했어
이제는 늦다는 것 나도 알아
그래도 자꾸 가고 싶어

잃어버린 것은

매일 오가던 길이 사라졌어
탐스러운 아카시아 오월 어귀
어디로 가야 하나
놓치고 잃어버린 대낮
모든 게 낯설어
검단사거리 정겨운 마을
자목련 고운 빛 비에 젖어 흐린 날
언제부터 이곳이 내 살던 곳일까
가까스로 더듬어 찾아온 현관 앞
사라지는 것들 애써 붙잡으며
머릿속으로는 부지런히 비번을 더듬는다

고추잠자리

평상에 한가로이 잠자리 길 쫓는 아낙
탱자나무 울타리 봉숭아꽃 노을이고
장광 너머 사립문 앞 맑은 바람 아련한데
마당에 아기 강아지 졸음 겨워 실눈이다
키다리 노랑꽃 뒤 다섯 해 설움이고
해 지고 날 저문데 먼 길 온 그림자
지쳐 젖은 날개 못 본 체한들
갈잎 수군거림 갈 곳 어딘고

섬진강 가는 길

언니 가고 싶은 곳 다 말해
섬진강 줄기 따라 하동으로
양 떼처럼 많은 그날의 사람들
지금은 모두 어디로 갔을까
하동 가는 섬진강 길 따라
흐드러진 벚꽃의 물결
꽃대궐 아치 만들어 놓고
그 옛날 연인들 기다리던
조영남 화개장터 노래도 멈추고
텅 빈 장터엔 고요만 가득했지
섬진강 거슬러 굽이굽이 돌아
벚꽃 향기 밴 보리밭 들녘 지나
우리의 하루 초저녁 하늘에 맡기고
달빛 향기 밴 꽃향기 가득 담아
그녀와 둘이 내일의 여행 계획을 세우며
만개한 벚꽃보다 더 만개했던 그날들
사람 없는 벚꽃 길 그 옛날
섬진강의 연인들은 어디에

한 번 못 가니 길을 잃은 듯
서로 그리워하면서도
코로나로 몇 해를 못 갔다
벌써 다녀올 수 있었는데

타오르기 시작했어

바람이 불어와
살아오면서 지은 죄에
불을 댕기고 바람은 신바람 나게
죄를 태웠어 불이 마을로 산으로
붉게 붉게 번져 갔어 마을 사람들은
피신하고 마을은 붉게 붉게 타고 있었어
바람은 여전히 멈추지 않았어
어디로 불어 가는 것일까
생각 없이 살았어, 겁 없이 살았어
모두 어리석은 내 탓이었어
흐르는 냇물만 바라보며
불타는 걸 보고 앉아 있었어
마을은 온통 붉게 붉게 물들었어
뒷산도 앞산도 붉게 붉게 물들었어
불이 난 게 아니었어, 내 죄가 타고 있었어

유년

생시인 듯 선연했어
낮은 돌담 회색 기와
햇빛 반짝이는 작은 개울도
이끼 낀 세월 마당 넓은 집
안방 건넌방 사랑채 있는
울안 꽃나무 화단 예쁜 집
할아버지 할머니 어린 동생들
옛이야기 숨어 있어 가고 싶은 곳
긴 생애 바람에 부치며
아픈 꿈 서려 있는 아련한 고향집
방천에 미루나무 그대로일까

생일

꼭 보고 싶어요
왜 그럴까 생각하니 시월이에요
첫사랑 기억에 설레는 마음
옷깃을 여미며 무심한 거리
오려거든 임이여 코로나 그까짓 년
딱 떼어 버리고 빛바랜 코트 창백한 얼굴로
생일이 시월임도 잊지 않았을
다정한 옛 모습 그대로 와요

슬픔의 강

몇 해째
용광로처럼 뜨거운 강물
우린 두려움으로 걸었어
오랫동안 지구 온난화가 도입된다고
환경을 보호하라고 외쳤었지
거미줄 사이로 한 줄기 붉은빛
더운 바람에 낙엽 지듯 스러져
한 사람 한 사람 떠나갔어
허황한 거리 불 꺼진 빈집들
십 년 후면 휘황찬란한
고급 아파트들이 들어온다고
코로나도 끝났다고
마스크를 벗으라고
날마다 거짓은 진실 위에 도배하고
재개발 지역에서 떠나려는 사람들은
새 거처를 찾아야 해
지금은 어디로든 모두 가야 해
수십 년 정든 이웃들과 뿔뿔이 흩어져야 하는
재개발 이주민들의 비애
긴 시간 흐르고 새 아파트 우뚝 서면
60, 70 시대 다시 올 수 있을까

칸나의 계절

태양의 심장 붉은 칸나
아스팔트 들풀 사이
쏟아지는 폭염
하얀 망초꽃 풀숲
노란 호박꽃 뜨겁게 웃던 날
사람도 나무도 옷을 벗는 정오
거친 피부 뭉뚝한 몸통
절로 익은 노각은
그 옛날 냉국도 무침도 환상의 맛
할머니의 텃밭은 요술쟁이였지
밤낮으로 펄펄 끓는 가마솥
수박도 참외도 우물 속에
두었다 꺼내어 먹으면
다디단 간식으로 최고이던 날
숲도 바람도 불붙는 열기에
밤엔 달이 낮엔 해가 정한 이치
붉은 칸나의 계절에 바람이 숨을 쉰다

산 아래 그 집

분홍 원피스
리본을 따라
옛 살던 집 앞 우물터에서
흔적 없는 그 애 집터 바라보니
엄마와 일곱 다섯 세 식구
아주 작은 집 웃음과 사랑으로
아껴 살았을 그 애 엄마 매일
바구니를 이고 해 질 녘에야
마을 입구 들어서는 걸
몇 번이나 보았어
저녁이면 저녁연기 맴돌고
희미한 불빛에 엄마 동생 셋이서
저녁을 맛있게 먹겠지
처음부터 그 애 아버지는 없었대
아빠 없는 그 애네 도와주는 이도
관심 두는 이도 없어 늘 마음 아팠지
중학교 가면서 고향을 떠나온 후
훗날 바람결에 들은 소식
형은 세상을 떠났다는 슬픈 소식이었어

앞산 노을 따라

그리운 옛터에
발길 멈추었어
도랑도 우물도
시멘트로 덮여 버린
우물터 위에 서서
빠져들 것 같은 두려움에
몸을 사리고 고향 땅
지그시 밟았지
유년의 추억 가득한
앞산 바라보며 긴 생각
텅 빈 마을 골목골목
그 옛날 가득했던 아이들
지금은 어디
서로를 토닥이며
글썽이는 위로
하늘 닿기를

나의 기도

석양이 달을 붉게 물들이고
별빛은 생각 없이 따라오고
커다란 구름은 언덕 위로 흐르고
아픈 기억은 잊어야 한다고
수많은 반딧불의 춤
아주 옛날 아무 소리도
들리지 않는 골목길
희미한 불빛 유리창 너머
집 안에 가난한 목수 요셉
예수님 성모님과 조촐한
식단에 저녁을 나누며
두 손 모아 성스럽게
평화를 위해 기도하며
따뜻한 이야기로 밤을 채운다

남쪽의 작은 마을

동구 밖 사라진
아이들 웃음소리
하루해가 지는 시간
할머니가 밥 먹으라 부르던
바람 잔잔히 눕는 초저녁
낯선 봄 길 여린 꽃 숨결 위에
갈 곳 잃은 사월 나비
잔잔히 누운 바람 기대어
거둘 수 없는 호기심
잊었다 생각났다
눈 떼면 다시 오는
알 수 없는 그리운 마음
작은 개울 흐르듯
숨죽이는 날갯짓
봄볕 아래 나비의 춤사위
노란 유채꽃 한 떼의 흰 구름
꿈속 같은 울음 터뜨리며
흰나비 나는
우리 엄마 할머니 계신
그곳에 가고 싶어

제4부
자비를 베푸소서

자비를 배푸소서

제게 아주 조금만
자비를 베푸소서
저의 죄 낱낱이
고백하지 아니하여도
살아오며 무엇을
잘못하였는지
처음부터 주님은
알고 계시지요
흐르는 시간과 함께
잊어버리고 살다가도
주님 앞에서
작은 촛불 켜지면
수많은 저의 죄
반짝이기 시작합니다
그럼에도 지금껏
베푸신 사랑 안에서
별 가득한 밤
손 모아 기도하오니
주님 저의 죄를
용서하여 주옵소서 아멘

언제부턴가

왼쪽 발목을 접질리는
빈도가 잦더니 갈수록 심해졌어
결국 걷는 일이 불편해 병원에 갔지
뼛조각들이 핏속을 돈다고
사십 대에 교통사고로
왼쪽 무릎 인대 수술도 했어
그때도 지금도 효녀 딸 지원이가
지극정성 닦아 주고 머리도 감겨 주고
일류 간호사였지 서대문 문학
3개월 쉬고 겨울 수술 후
봄이 돼서야 목발 짚고
다녀야 했는데 거추장스러워
목발마저 버리고 지팡이 의존
그것마저 철수 후 후회했어
두 해의 시간이 흘러도
발목은 여전히 불편해 이젠 그냥 견뎌야지
그럭저럭 살아야지

일시에 드리워진 암흑

누구의 손을 잡았는지
초록으로 밀려온 여름
유월은 비단처럼 매끄러운데
어떤 생애도 정답은 없다고
스스로 그려 놓은 동그라미
핏빛처럼 붉은 고운 잠에 갇혀
눈 깜짝할 사이 돌아갈 수 없는 햇살
지쳐 늘어진 동그란 바람 말아
산책으로 돌아온 너는 바람
한껏 지친 내게 사붓사붓
부채질해 주었어
나뭇가지 좋아라 흔들어대며
햇빛 하늘하늘 지상을 휘돌며
하늘에 햇덩이 뜨거운 빛살 뻗쳤어
초저녁이면 그 집 앞 도랑가
사람들 모여 서로 지켜 주려는 듯
늦도록 옛 애기 분분했던
그 시절 그 애 잊어버린 그날들

지금은 아니고

노을 스미는 골목 사이
희미한 옛이야기 떠도는 날
바람 맴도는 먼 먼 그림 속
그때는 그랬어
네 입술의 차디찬 언어
낯익은 돌담 붉은 동백
바쁘게 떠나는 슬픔 사이로
별다르지 않은 일상이 흐르고
해 질 무렵 뚝뚝 떨어지는
동백꽃 송이 지는 사이로
옛사람들의 정겨운 이야기들
봄바람 사이로 흩어진다
애틋한 미련 이해할 시간
아픔 묻고 별나지 않은 일상
텅 빈 골목 그날의 함성
둥둥 떠다니던
낮은 담장 안 순이 엄마 원이 엄마
허공 위 수다들 봄날이면
더욱 눈물겨워

초록의 빛

자꾸만 솟아나는 손끝의 아림
차창 밖으로 어른대는
끝없이 이어지는
건너편 도로의 차량들
희미한 상실 너머
초록이 드리워지고
유월 모퉁이에 걸린 구름
아직 완성되지 않는 인연
그들의 전쟁을 보았어
제법 매서운 표정의 그녀
진심 없이 사과하는 그를 지나치며
어느 쪽 부모이든 걱정되는 그들을
지나쳐 오며 사람들을 움직이고
자동차를 멈추게 하는 초록 불빛의 힘
뒤를 쫓아오는 그림자들
흩어졌다 모이고
서대문 사거리 외로운 사람들에게
초록의 빛은 따뜻한 사랑의 이정표

고목을 흔드는

비바람 들녘에서
방황하는 영혼
폭우에 시달리는
생의 벌판
쏟아지는 피로
질서를 허무는 자연
잠잠히 가라앉는
숨겨 둔 기억 한 움큼
예고도 없이 사라진
젊은이들 묻힌 장소
잃어버렸다고
기억이 나지 않는다고
벌써 삼십 년 세월
잊을 만도 하다고
자신들과 관계없는 이들은
그만 좀 들썩이라고

낙엽의 길

바람에 뒹굴다
켜켜이 쌓인
귀퉁이의 낙엽을 보며
사유가 머물렀어
휘몰아치는 바람 속
애처로운 허기로
숨 거두는 생의 마감도
봄날 꽃 피울
형체 없는 수선화 뿌리
깊이깊이
애증으로 파고들며
이승의 매듭은 이승에서
풀고 가자 속삭이는 듯

그림자

해 지고 주위 어두워지자
뒷마당 푸른 향기조차
어둠으로 덮여 버렸어
잠깐 꿈을 깼어
분명 생의 반대 길로
어둠에 싸여 걸어가고 있었어
어슴푸레 흐린 달빛 너머
새벽빛이 보였어
잠이 깨서도 허공의 두려움이
내게 걷히지 않았어
알 듯 모를 듯 희미한 얼굴들이
나를 향해 웃고 있었어
애써 돌아서자
노란 햇볕이 길에 쏟아지고
빨강 분홍 흰 꽃들이 흐드러져
맑은 개울물이 찰랑거리고
새소리 물소리 들으며
긴 꿈길에서 뛰어나왔어

평범한 오늘

내일은 믿지 않아
당연한 것들도 보이지 않아
암흑이 침몰하는 순간
오늘을 보내는
하루하루가 아픔이라고
아무런 관심 없어도
아무렇지도 않게 바라보는 어제
떠난 게 아냐
애당초 어제가 오늘인 거지
우기는 게 당연한 건지
오늘은 오늘 우리에겐 늘
평범한 오늘뿐이지
내일이 와도 역시 오늘

어서 오라 손짓했어

매번 두서너 가지는 빠뜨리지
갈수록 명확해지지 않는 기억력
온통 핸드백을 헤집기 연속
남편이 정신 차리라고 걱정한다
모두 잠든 밤 이렇게 흐릿한 날엔
우두커니 어릴 때 읽었던 데미안
새는 알에서 나오려고 투쟁하고
태어나려는 자는 하나의 세계를
깨뜨려야 한다는
스산한 구름이 하늘을 덮은 날
데미안과 싱클레어 대화 속으로
동참하고 싶어 했었지
대문에 유년의 꿈들 초롱초롱 걸어 두고
깜박 잠든 순간 휴게소 거쳐 고속도로
국도로 핸들을 꺾자 드넓고 환한 길
흐릿한 날씨도 사라지고
막힘없이 논밭 산과 들
그제야 해가 뜨는 것을 볼 수 있었지
가까이 서해대교가 보였어
그냥 걷고 싶었어

물소리 어디쯤

나뭇잎 다소곳이
찾아오는 봄
낮달에 맴도는 그리움
이별 후 이렇게
여울지는 물소리
눈부시던 어디쯤
기척이 들리는
산 자와 죽은 자의 경계
이미 아무렇지도 않게 사라져 가는
어제는 견뎌야 했고 내일은 기다리며
오늘을 사는 일에 동아줄을 잡지만
그마저도 선명한 부끄러움
아무 일도 일어나지 않는
매일

봄날

초록으로 가득 차오른
해 저문 노을을 오롯이 안고
추위에 허기진 봄
춥지도 덥지도 않은 날들
일이 없는 노동의 가장들
꽃샘추위 깊은 한숨
파르르 창문 두드리는
매서운 찬 바람 검은 잠바
희미한 새벽 뚫고 집을 나서는
버스를 기다리며 추위에 떠는
승강장이 쉴 때보다 더 힘 난다고
새벽처럼 어두운 저녁을 등에 업고
창문을 열어도 환히 보이지 않는 밖
나무만 좋아하여 나무로만
일을 하다 나무가 되고 마는
그의 이름은 목수

과꽃의 들녘

바람에 흔들리는
과꽃의 들녘
가을바람 들썩이며
울타리 너머 마주쳐
하늘로 간다
늘씬한 허리 말아
감나무 뿌리 아래로
길을 내어 밤길 걷는
조심조심 아기 양이
불면은 생각 사이로
뒤척이는 사람들
가을을 재촉하는 그믐밤
빙글빙글 쉰 예순 일흔
이리저리 백일홍꽃 흩날리며

천 년 전에도 이와 같음

불통과 소통은 전쟁 중
언제나 적이 있어야 사는 이들
숲의 그림자 어른거리는 작은 개울
햇볕에 반사되는 맑은 물빛 유리알 같아
그날의 함성은 바람으로 숨길 트고
천 년의 비밀은 날개가 있어
어렴풋이 궁금하다 나비 가는 길
하얀 산딸나무 꽃잎 흐르는 오월
해마다 오월은 웃음이다 한이다
붉다 초록이다 오늘 같다

낮이 드나들고

해가 뜨고 달이 지고
길 잃어 헤매는
수많은 글자
정지된 시간 위로
느리게 적혀 갔어
아직 어두운 창틈으로
부옇게 다가오는 희미한 빛
사서 걱정 마라
창문 두드리며 기웃대는
선명히 드러나는 아득했던 날들
끝없이 이어지는 간밤 내린 비에
길은 깨끗해졌어, 뜨거운 세상에
선명하지 않은 내용이
시집이 되어 던져지는 날
바람 그 안으로 숨고 싶어

낯설지 않은

항상 바쁜 모습
보기 좋았어요
시인들은 이런 날씨
무어라 표현할까요
시를 보내 줄 수 있나요
지난여름 어느 하루
하늘이 구멍 난 듯
한바탕 소나기 퍼붓던 날
오랜만에 소년 소녀처럼
송도의 푸른 잔디 위를 달렸던
비바람 멈춘 오후 화려한 불빛
초록 빗방울에 반짝이던 송도의 밤
한여름 소나기 오면 생각나요
오랜 친구인 듯 마음이 편안했어요
조금은 우아한 집에서 저녁을 먹고
그 후 가끔 카톡으로 안부도 묻고
몇 번 만난 것도 아닌데 도무지
낯설지 않았어요

봄 닮은 임

지난밤 겨울 가고
봄 눈 동그랗게
모진 겨울 언제였나
내게 묻는 새날 아침
파릇파릇 텃밭 냉이
봄 닮은 임 모셔다가
봄나물 된장국에
아침상 차려 두고
봄 하늘 올려보며
오늘내일 모셔 올까
꿈에 젖어 휘도는 봄
감출 수 없는 설렘

요즘 하늘

나뭇가지 사이로
정오의 햇살 눈부시다
흰 구름 떠다니는
푸른 하늘
반딧불 반짝이던
그날 그 밤들
가엾은 별 하나
회색빛 구름 틈새
애달피 몸살 앓는
오염의 재앙은
우리가 누린
호사의 대가
오가는 이 마주해도
마스크에 가려진
알 수 없는 표정들
대안 없는 미래
누굴 탓하랴

너무 쓸쓸해서

하늘에 있는 엄마에게
전화해 봤어 웬일이냐고
무척 반가워하셨지
산 사람들에게 전화할 사람이
한 사람도 없어
엄마에게 전화했단 말 차마 못 했어
그렇게 친구가 없느냐고
나의 처지를 슬퍼하실까 봐
삼십여 년 전 가을 어느 날
단풍 곱게 물들어 천지가
화려하던 날 김밥 싸고
외손녀 지원이 등에 업고
단풍 고운 광주 어딘가 갔었는데
내가 알던 그 많은 사람들
전화를 반갑게 받아 줄 사람 하나
기억나지 않았다
다만 엄마가 제일 보고 싶을 뿐

제5부
저기 먼 데서

저기 먼 데서

하늘이 얕다고 어깨를 으쓱
이사와 세 번째 사월 담은 창밖
나무들은 쑥쑥 자라 액자 틀을
벗어나고 있었어
연둣빛 나뭇가지 사이로
부드러운 바람 사르르 부딪쳐
또르르 햇살 구르는 신음의 찰나
푸른 새 포르르 날아와 창가에 앉았어
눈길 맞출 새 없이 후드득 날아
잔잔히 맴도는 바람 가느다란 가지에
연두 잎들 살랑살랑 사월을 춤춘다
극락같이 달콤한 봄날
몇 날이나 더 남았을까
눈부신 창밖에
봄 닮은 고운 이 어디선가
내게로 걸어오시는 듯

태양이 들볶던 날

금요일 닮은 여름 한낮
세상이 메말라 서걱이던 날
여럿이 처음 우리 만나
언제나 비켜서 있다
한마디
이 노래 좋아요
소월의 못 잊어
심수봉의 태양이 웃는다
맑은 피아노 음률과 함께
넌 희나리를 부르며
보랏빛 구절초 앞에서
간절히 손 내밀었지
세상에 없는데 아직도
귓가에 맴도는 목소리
그대 점점 나를
믿지 못하고

괜찮다

바다 내음 낮게 흩뿌려진
시월의 진홍빛 물보라
바람결에 여울지는
밤 별들의 이야기
부딪쳐 부서지는 흰 파도
쉴 사이 없이 밀려와
누구에게도 말할 수 없는
파도에 밀려가는 그날의 기억들
물 위에 떠오르는 달빛
싸움을 즐겨하는
용서 안 되는 사람들
발등 위로 출렁이는 어둠의 날들
괜찮다 괜찮다 인자하신
위로의 음성

답게 살자

하얀 모시옷 포근한 할머니 미소
마루에 앉아 팔월의 새소리 들으며
이제야 답게 사는 게 편하다는 것
애쓰지 말자 마음답게 살자
일흔에 무엇에 매여 살까
어이 애써 포장하려 드는가
고향집 우물가 그리워
키 작은 사람이
까치발 한다고 키가 커질까
답게 고분고분 살자고

너랑 걷고 싶은 길

새들의 노랫소리
동행하여 너와 걷고 싶은 길
숲길에 새겨진 수많은 이들의 흔적
한 번도 가 보지 못한
끝없이 이어진 낯선 길에서
마주치는 시선들 따뜻해서 좋았어
이슬 젖은 나뭇잎들
숨을 몰아쉴 때마다
살포시 내려앉는
지상의 속삭임 들렸어
너와 같이 아주 가끔 가고 싶어
단 한 순간도 널 잊어 본 적 없어
셋이 알콩달콩
행복하게 살아줘서 고마워
무엇을 하든
자정 넘도록 길을 잃고 헤매던 날
집으로 가는 길이
눈앞에서 사라졌을 때
영영 너를 잊을까 봐
어지러운 바람 소리
발자국 소리

가까이 살면서도
자주 못 봐도
자주 오지 못하는 너희들
마음 놓고 기다리는 일
까맣게 한세월 돌고 돌아
지치도록 널 그리워하면서도
널 아프게 했던
그 많은 날
미안해 미안해
그리고 사랑해
사랑해 나의 딸
산디아!

나타샤 되어

하얀 벚꽃
눈송이 되어
펄펄 날리는 날
그와 나타샤가
사랑을 나누었을
진달래 꽃길 따라
길상사에 가고 싶다
그들이 없는 그곳에 가서
외로운 나타샤 되어
사랑으로 사랑으로
오직 아프고 싶다

새들의 수다

매화꽃 맑은 향기
대숲의 초록 바람
하늘에 길을 내어
봄 구름 흐른다
낯익은 발자국
저만치 아득히
옹기종기 모여 앉아
땅을 쪼던 작은 새들
평화를 노래하다
후르르 후르르
대숲 위로 날아올라
고단을 내려놓고
조심스러운 발자국에
예민도 하여라
무디게 살려거든
일흔과 동행하자

오월

그 말은 안 해야 했어
그 글은 쓰지 말아야 했어
다디단 꿀맛 말들의 감옥
핏빛 같은 오월의 장미
아픔으로 뭉쳐진 오월 바다
천 년 전에도 텅 빈 세상
가진 자 앞에서
무력이 무릎 꿇는
변함없는 세월 속
매양 분노가 잦은 가슴
웃다 울다 빙그르르
아픔 많은 시대는 가고
피 끓는 젊음아
행하지 못할 분노거든
심상치 않은 세월엔
뜨거운 목숨 숨기려마
오월의 노래가 먹먹한 가슴
아프게 맴도는 초록의 계절

빈집

불 꺼진 빈방에
서러운 얘기 뒹굴고
빈집은 숭숭하게 흐느껴
쓰러져 가는 사립문
기댄 목마름
감나무에 맺힌 빗방울
집 떠난 할머니 안부 알 수 없다
들녘 맴돌아와 지친 바람은
빈방에 들어가 눕고
동구 밖 구순 할머니
석 달 전 병원 가신
이웃 할머니 기다리는 듯
잿빛 물든 허공만 하염없이

청개구리 형제

비 갠 뒤 눈부시다
맑은 초록 햇살
윤기 흐르는 피마자 잎
의좋은 형제
정겹게 속삭이며
천천히 느긋하게
소풍하듯 가자고
바쁠 게 뭐 있냐고
빠름이 좋은 것만 아니라고
서두르다 세상 밖으로
떨어질 수 있다고
한가로운 오후
초록 햇살 받으며
앞서거니 뒤서거니
산책을 한다
느리다는 건 때로 행복하다고

좋은 벗

그물 안에 얽혀서
존재하고 나아가는 것
살아 있는 것이나
살아 있지 않는 것이나
모두 마음 둔 곳에
들고 싶어 하지
너와 나, 우리
씨앗을 가지고 있지
충분히 꽃피워 내지 못해도
개화를 향해 나아가는
서로를 의지하는 좋은 벗

저 하늘에

사붓사붓 내리는 오월의 초록 비
뜨지도 지지도 않는
해 아래서 차마 말 못 했어
둘이서 여럿이서 하늘로 간
벗을 위해 침묵의 그늘에 앉아
하르르 꽃잎 지는 시간에
가벼운 발걸음처럼
사붓사붓 내리는 비
맑은 슬픔에 안겨 하얀 꽃으로 물든
초록의 노래 부르며
비밀스러운 얘기 나눌 수 없어
수많은 밤과 낮 홀로 견뎠을
삶은 무엇일까 밤을 뒤척였을
스물네 해 생애를 마치고
초록의 빗속으로 떠나간 너
흰 꽃빛 가득한 오월
출렁이고 뒤척이던 고단도 내려놓고
하늘의 임께서 아늑한 별자리
포근하게 마련해 주셨을 안심에
기대어 모두 널 위해 기도하고
또 기도한다는 것 잊지 말기를

나 없다고

맨발로 끝없이 걸어갔던 날
청산 솔밭 뜨거운 모래사장
왜 이리 헛헛하고 목이 멜까
아무도 모르는 낯선 곳으로
나를 아는 이 한 사람도 없는 곳
형체도 없이 사라졌으면
파도와 머물던 시간
잊고자 했는지 잊혔는지
기억 저편 까마득해
쉬지 않고 떠밀려 온
아픈 시간 멍든 생애
비우고 내려놓고
바람 속으로 모든 것 두고
저 바닷속으로 사라지고 싶어

방물장수

이른 아침 눈보라에
서둘러 노상의 전을 접는 이
잿빛 하늘 눈앞을 가리는 비바람
산처럼 쌓인 방물에 포장을 덮는
그의 손이 붉었어
잘 다녀오라던 수척한 아내를
떠올리며 빈 주머니 쓸쓸한 귀가
눈보라 마주하며 허공 향한 긴 한숨
절렁절렁 방물 소리
한 발 한 발 헛헛한 발길
녹색 신호등은 재촉했어
시린 마음 발걸음을

일흔 번째 가을

지난여름 입던 옷
차곡차곡 개며
해마다 하지 않던
생각을 했어
반듯반듯 개켜 둔 옷
내년 봄도 입을까
이런 생각조차도
헛나이 아니라고
입가에 스친 웃음
갈바람 떠도는
붉은 시월 빈 가슴

살아 있다는 것

크고 작은 일들
만만치 않은 날들
흔들고 유혹하는
우리들의 매일
어둠이 둘러싸인
캄캄한 밤
우리 서 있는 지점
오롯이 자리하고 있는지
가늠하기 힘들어
목적지는 어디일까
일어나 눈을 뜨고
그래야 살 수 있다고

제6부
청라의 봄

이월의 바람

지난해 뒤뜰
꽃 피우던 수선화
수줍은 새싹으로
한세월 가고 옵니다
이 맑은 느낌
먼 곳에서 가까이서
봄이 오고 있다는 예감
이월의 저녁 찬 바람이
두 볼을 얼얼하게 스칩니다
세월이 가거나 말거나
나이를 먹거나 말거나
구름에 싸인 그믐달은
초하루를 향해 흐르고
이월의 바람은
까닭 없이
설레고 좋아집니다

청라의 봄날

깊은 밤 봄바람 유혹에
살며시 집을 나와
흰 달빛 아래서 수변을 걸었어
연둣빛 화살촉 노란 수선화
달 아래 끝없이 이어지는
청라의 꽃물들 살랑이며
속삭였어
혼자이어도 쓸쓸해 말라고
봄 길 동행하는 바람꽃들이
살며시 안아 주며 힘내셔요
속삭여 줬어

민들레가 피었다

봄 싹 움트는 언덕에 앉아
봄바람에 목련꽃 마주하는데
마른 나뭇가지 사이로
아주 작은 민들레가 꽃 피어
노랗게 화사하게 웃고 있었어
한 송이 꽃으로 오는 봄 다 끌어안고
저리 좋아 바람에 웃는
예순아홉 번째 나의 봄
삼월의 꽃비로 연분홍 진달래
피고 지는 꽃길 따라 걸으며
무심한 네가 괜히 마음 아팠어

봄빛이 걸어오고

새들은 젖은 날개로
봄을 그리고
나는 창문에
어른거리는
차갑게 식은
슬픔으로
봄을 그렸어
푸른 하늘로 쨍쨍히 고개 들어
한 바퀴 돌아 인사 남기고
날개를 퍼덕이며 날아갔어
어둠이 차오르는 빈방에
창문에 쓴 새들의 낙서를 읽고
유리창에 갇힌 하늘 닦으며
어둠을 걷으려 애를 썼어
한가로운 바람 따라 봄 오고
한 해의 깊은 침묵으로
묻혀 가는 겨울 끝
봄빛이 걸어오고 떠나간 새들도
돌아오고 있었어 내게로

봄날의 기억

봄비가 잠을 깨워
창밖에 흩뿌려진
붉은빛 물들던
숨겨진 해그늘
푸른 숨 쉬는 산안개
여린 나뭇잎 스치는 것조차
견딜 수 없어 허공을 나는
작은 새들의 수다 횡재 만난
뒤뜰의 새벽 비
토닥이다 아우성 멈추자
바람 잔잔히 감싸 오는

꽃샘바람

하얀 목련 황홀히
휘날리던 춘삼월에
그 여자 남자가 바람이 났다네요
동네방네 눈과 귀 어이하라고
아무리 꽃향기가 그윽해도
깨어진 파편의 쓰라린 상처는
이른 봄 찬 서리에
장독 깨진다는 꽃샘바람에
아들딸 타지에 가 아무도 없는 텅 빈 집
눈부신 이 봄을 뉘와 더불어라고
어이 홀로 견디라고

영취산의 봄

해마다 봄이 오면
신비로운 능선 따라
영취산 진달래꽃
굽이굽이 휘돌아 피어
골짜기마다
무리 지어 피는 꽃
어느 꽃 덤불 속에
몰래 숨어 기다릴 것만 같은
꽃샘바람 헤집으며
천지에 만발한 연분홍 꽃 숲
옛 임 찾아 추억 찾아
꽃샘바람 잉잉대어도
영취산 진달래꽃 그날의
그리운 벗들 하나둘 찾아올까
분홍 꽃 천지에서 기다리는 맘

라일락꽃 필 때

방안에 몰래 들어와
있던 동그란 햇살
노을빛 외롭다고
따가워 그늘을 찾다
그 애 없는 세상
기다리면 온다고 말하지만
못 와도 좋을 짧은 인연
추억 몇 개로 이 봄 견디리
연둣빛 들녘 새순 움트는
라일락꽃 피는 숨소리까지
부드러운 바람에 사르르
가물가물 졸고 있는 봄볕

오월의 흉터

숨겨진 얘기
고개만 돌려도
모든 것이 낯선
등 돌린 밤의 뒷모습
밤은 나와 같이 자자고
오래도록 그곳에서
기다렸는지 몰라
빛이라곤 없는 칠흑
어두운 벽에 피 흘린
상처 자국 또렷했어
꿈속 광주는

붉은 헤드라이트

넷 열 열둘 붉은 헤드라이트
딸기밭을 이루고 다시 하나둘
줄어들어 하나의 불빛만 다가온다
쓸쓸하다는 생각을 하기도 전
하나의 불빛마저 스쳐 간다
어두운 길가 차도에
왜 나는 허망하게 서 있었을까
자동차들은 하나 둘 셋 넷 달려간다
그 시간 캄캄한 차도에서 누구를
기다렸을까
그 무렵, 수많은 자동차는
왜 그냥 지나쳐 갈까

초록 울음

바람 한 줄기
멀리 언덕을 돌아
담장 너머 푸른 울음
덩굴장미 울타리
풀빛으로 반짝이네
감나무 그늘에서
여윈 등에 이슬 떨구며
피기 전에 꺾인 꽃들
가엾어라 이슬 눈물
흩어지며 남기고 간 말
뜨겁게 살라고
귀 기울여 들으라고
초여름의 기척을

담장 위 꽃 그림자

그윽이 작은 마을
간지러운 미풍
기분 좋은 예감 어쩜……
울타리 밖 고개 내민
하얀 찔레 달콤한 황홀
풍요를 꿈꾸는
앳된 포도송이
길가 산들바람
간지러운 초록 물결
유월이면 사람 없는
등나무 그늘에 앉아
잊지 못할 그날의 비밀
눈을 감아 봐 사븟이
생각하지 마 아무것도
듣기만 해 청아한
유월의 숨소리를

스물다섯 해

어떻게 할까
원치 않는 슬픈 이별 앞에서
어린 듯 가냘픈
차가운 냉기로 식어 가는 생애
산 이들과 다시는 만날 수 없는 이별 앞에서
맑은 별 두 볼 비치는 그 밤
포기하지 않으려 몸부림했을
안개비 촉촉이 내리는 날
나뭇가지 사이
흩날리던 바람결에
하얀 얼굴 순한 꽃잎들
바람에 이리저리
춤추듯 지는 오월에
스물다섯 생애를
살아남은 이들의
포근히 따뜻이
애틋이 감싸안는 위로의 기도만을

달맞이꽃

밤이면 하얀 달맞이꽃 피는
청보랏빛 하늘 아래
무수한 말의 파편들
소리 없이 번지는
진보랏빛 슬픔
바람 불고 꽃비 내려
창밖으로 멈춘 시간
햇살의 미소가 깊은 바다
열린 틈으로 파르르 떨며
비파나무 가지들 흔들린다
새벽 사립문 저 너머
낯선 언어 유영하는 시간
오똑한 양이 콧등에 앉은 웃음
파란 하늘 햇살 부서지는 동안
하얀 도화지에 할머니가
양이를 그리려는데 사라져 버렸어

자귀나무꽃

냇가 개울 말고
그 중간쯤 도랑이라는
이름이 있었지
아홉 살 기억의 도랑에는
엄마들이 빨래하고
다리 밑에서 우리는 멱 감았지
흐르는 물에서 다슬기 그득 잡을 때
무지갯빛 자귀나무꽃 너울너울
여름날 초록 잎 꼬투리 줄지어
온 마을 빛의 속도로 달렸지
숨기고 싶은 사랑은 혈관을 타며
온몸이 뜨거워질 때
구름에 비친 길게 누운 꽃 그림자
울어대던 이름 모를 새소리
들국화와 동무해 가로수로 피었지
수염 살짝 건드리면
파르르 떨던 자귀나무꽃
지금도 여름이 오면 떠올라
그 시절 동무들 꿈속에 찾아온다

쓰담 받고 싶은 계절

강아지도 아닌데
쓰담 쓰담 받고 싶은 계절
빛바랜 나뭇잎 바람의 신음
꿈인 듯 생신 듯 다가와
안아 주는 듯
포근함이 느껴 오는 시월의 신음
별들은 달의 품에 숨어들고
초저녁 바람은 황혼빛에 물들고
희미한 유혹의 그림자
다가오듯 뒤로 가듯
가을 속으로 걸어가는
시월의 뒷모습

빗방울

가고 싶어 가는지
떠밀려 가는지
가야 옳은지
멈춰야 옳은지
둥둥 떠 있는 낯선 사고
창밖 나뭇가지에 매달린
빗방울 반짝이는 보석들
언제쯤 떨어질까
한참을 기다렸어
하나둘 영롱함은 떨어지지 않고
메마른 가지에 수액으로 젖어 들었어
봄날 가듯 한 방울 한 방울
메마른 나무에 젖어 들고
사라지고 또 맺혔어 오랜 가뭄 뒤
가슴 떨리는 빗방울의 신비는
나를 걷고 싶게 했어

봄비

등 밑으로 전해오는 따뜻함
더 잠들고 싶은 게으른 유혹
창밖에 마른나무 적시는
나른한 빗소리
조그만 몸뚱이 이불 감싸고
혼자만의 가득한 자유로움
뜬눈으로 불면과 씨름하다
아침이면 파도로 밀려오는 잠
우수의 틈으로
희미한 봄날
작은 새들 날아와
어서 일어나라
서두는데
방 안 가득 밀려오는
봄 향기
망울망울 젖은 꽃송이
단물에 취한 환희의 소리
숲은 설렘으로 가득해

오뉴월

작고 무거운 마음
반짝이는 가벼움
아침 햇살 안고
건네주는 오뉴월
말없이 걸어와
미루나무 푸른 잎들
작은 소리 눈 뜨던 날
함초롬히 내려온 계절
푸르고 싱싱한 두근거림
무엇 때문일까 어디를 다녀와야
둥둥 뜬 마음 가라앉을까
청산 푸른 유년의 길목에서
한번 다녀가라 손짓하는 듯

최경순 시집
미로

제1판 1쇄 인쇄 · 2024년 11월 25일
제1판 1쇄 발행 · 2024년 11월 30일

지은이 · 최경순
발행인 · 이석우
펴낸 곳 · 세종문화사
편집 주간 · 김영희

주소 · (03740)
　　　서울 서대문구 통일로 107-39, 223호
　　　E-mail · eds@kbnewsnet
전화 · (02)363-3345, 365-0743~5
팩스 · (02)363-9990

등록번호 · 제25100-1974-000001호
등록일 · 1974년 2월 1일

ISBN 978-89-7424-203-9　03810

값 12,000원